# NOTICE BIOGRAPHIQUE,

PAR B. G. SAGE,

CHEVALIER DE L'ORDRE ROYAL DE SAINT-MICHEL,
DE L'ACADÉMIE ROYALE DES SCIENCES DE PARIS,
FONDATEUR ET DIRECTEUR
DE LA PREMIÈRE ÉCOLE DES MINES.

Militavi non sine gloria.



A PARIS,

DE L'IMPRIMERIE DE P. DIDOT, L'AÎNÉ,
CHEVALIER DE L'ORDRE ROYAL DE SAINT-MICHEL,
IMPRIMEUR DU ROI.

1818.

# AVERTISSEMENT.

PARVENU à l'âge de soixante-dix-neuf ans, voulant me rendre compte comment j'avais parcouru une aussi longue carrière, je l'ai exposé dans cette notice biographique; on y verra que dès ma plus tendre jeunesse je me suis consacré à l'étude, que par ce moyen j'ai été utile à mon pays.

# NOTICE BIOGRAPHIQUE,

## DE BALTHAZAR-GEORGES SAGE.

Je suis né à Paris le 7 mai 1740, de Marie-Ursule des Cloîtres, femme de François Sage, pharmacien, qui eut pour père un notaire de Saint-Jean-de-Maurienne, nommé Sapienti. Mon père, qui estimait que la science était préférable à la richesse, et qu'il valait mieux être l'artisan de sa fortune que d'en hériter, nous fit faire nos classes; mais comme il n'était pas assez riche pour nous mettre en pension, nous fûmes externes chez un répétiteur, chez lequel nous nous rendîmes pendant six années; c'est sur-tout pendant l'hiver que notre itinéraire était rigoureux. On nous réveillait tous les jours à cinq heures et demie; on nous mettait en main un morceau de pain, deux sous, et un flambeau pour nous conduire chez le répétiteur, d'où nous partions à neuf heures moins un quart pour nous rendre au collége Mazarin, où l'on nous faisait entendre la messe avant de commencer la classe, qui durait une heure et quart. On nous reconduisait chez le répétiteur, où nous restions jusqu'à midi; nous retournions dîner chez notre père, d'où nous partions aussitôt pour aller chez le répétiteur, qui nous conduisait au collége à trois heures, d'où nous sortions à quatre heures et quart pour retourner chez le répétiteur jusqu'à sept heures, que nous nous rendions pour souper dans la maison paternelle. J'avais terminé ma rhétorique à l'âge de treize ans. Mon père était décédé un an auparavant, et ne laissa pour toute existence à ma mère que sa pharmacie. Elle destina mon frère aîné pour la seconder. Quant à moi, le desir d'acquérir des connaissances me fit suivre les cours de physique de l'abbé Nolet, les cours de botanique d'Antoine et de Bernard de Jussieu, les cours d'anatomie de Sabatier, et les cours de chimie de Guillaume Rouëlle, dont je répétais les expériences dans un petit laboratoire que je formai dans la maison maternelle, où plusieurs de mes condisciples se rendaient pour suivre le manuel des expériences.

J'étais âgé de dix-sept ans lorsque je fus empoisonné par des vapeurs de sublimé corrosif, qui occasiona un crachement de sang, tel que douze saignées faites en trois jours purent à peine faire cesser. Cet accident ne me détourna point de mon goût pour la chimie; ayant vu alors que la France était annuellement tributaire de 37 millions pour les matières minérales et métalliques qu'elle tirait de l'étranger, j'estimai qu'on pouvait l'affranchir en partie de ce tribut en y naturalisant la minéralogie et l'art des essais, ce qui m'offrit une carrière nouvelle, et c'est afin de naturaliser en France cette science que j'en ai commencé, à l'âge de dix-neuf ans, des cours publics et gratuits, qui furent si suivis, que le laboratoire que j'avais chez ma mère n'étant plus suffisant pour contenir les auditeurs, je louai un appartement de cinq pièces de plain pied dans l'hôtel de Brehant, rue du Sépulcre. Je fus assez heureux pour avoir mérité l'estime d'hommes riches et puissants, qui m'avancèrent trente mille francs, sans intérêt, somme que j'employai pour établir mon cabinet de minéralogie et mon laboratoire de chimie.

Un travail continu dans une partie aussi nouvelle que la minéralogie m'offrit des découvertes, dont je commençai à faire part à l'Académie, dès l'âge de vingt-deux ans; elles furent adoptées par cette savante compagnie, qui me donna une preuve éclatante de son estime en me désignant, à vingt-huit ans, pour remplir, dans son sein, la place vacante par la mort du célèbre Guillaume Rouëlle.

Mes relations avec les étrangers concoururent promptement à l'accrétion de ma collection de minéralogie.

Pallas m'envoya des échantillons de ce qu'il découvrit en Sibérie. Woulf me fit part des productions minérales de l'Angleterre.

Madame la margrave de Bade, qui était venue avec sa famille suivre un de mes cours, m'envoya une belle collection de mines d'Allemagne.

M. de Malesherbes me donna les minéraux qu'il avait recueillis dans ses voyages en France. Ayant été nommé commissaire du conseil pour les mines, je me procurai toutes celles qui étaient alors en exploitation. Je me suis aussi procuré tous les objets nouveaux qui étaient apportés parmi nous par des marchands étrangers. C'est ainsi que je suis parvenu à former la magnifique collection qui constitue le Musée des mines à la Monnaie, où figure une belle suite des mines d'or et d'argent d'Almont, que je tiens de la munificence de *Monsieur*, comte de Provence.

C'est afin de fixer et de naturaliser en France la chimie métallurgique que je proposai et obtins la création d'une chaire de minéralogie docimastique, en 1778, chaire que je remplis depuis cette époque, qui fut aussi celle où le gouvernement m'installa dans le grand salon de la Monnaie, où j'établis ma collection de minéraux et mon laboratoire.

Quoiqu'il se fût formé dans ma première école des hommes qui se sont rendus célèbres par leurs ouvrages, tels que les Romé-de-l'Isle, les Demestre, les Chaptal, cependant je n'avais pas rempli le but que je m'étais proposé, parcequ'il fallait déterminer des hommes à se consacrer aux études des sciences nécessaires pour former des ingénieurs propres à diriger les travaux des mines; c'est ce que j'exposai au Gouvernement dans un mémoire, en l'invitant à nommer douze élèves salariés. Louis XVI, en créant cette école, me désigna pour en être le directeur. J'enseignai à ces élèves la chimie, la minéralogie, et l'art d'exploiter les mines. Ils suivaient les cours de physique de M. Charles, et on leur donnait des leçons de géométrie et de dessin. Je faisais en outre voyager ces élèves toutes les années dans les exploitations, afin de les familiariser avec le travail en grand. La distribution première de mon laboratoire et de mon cabinet était rustique, je profitai d'une occasion pour les convertir en monument. On voulait se défaire, pour le compte du Roi, de vieilles dorures dont on n'offrait que vingt mille écus; les ayant fait traiter docimastiquement, elles produisirent quatre cent quarante mille francs. Sa Majesté ayant dit à M. de Calonne qu'il fallait me donner une gratification proportionnée, ce ministre m'annonça quarante mille francs. Comme j'étais riche alors, je priai M. de Calonne de demander au Roi la permission d'employer cette somme à faire exécuter le plan que j'avais conçu, lequel avait été retracé par M. Antoine, célèbre architecte. M. de Calonne, ami des arts, l'admira, et le proposa au Roi, qui l'adopta.

J'ai fait depuis construire trois galeries supplémentaires, qui renferment les objets les plus précieux, et une des belles collections de pétrifications. J'ai vendu ma terre de Villeberfol et ma bibliothèque pour achever de décorer en tables de granits et de marbres les plus précieux ce magnifique monument, que les souverains étrangers disent unique en Europe. Il est encore remarquable en ce qu'il ne renferme rien des dépouilles des malheureuses victimes de la révolution.

Pendant les sept années que j'ai dirigé l'Ecole royale des mines je n'ai eu qu'à me louer des élèves, lesquels, par reconnaissance des soins que j'avais pris pour leur instruction, firent faire et couler en bronze mon buste, par le sculpteur Ricours, et ils exprimèrent sur le cippe leur reconnaissance par la phrase *discipulorum pignus amoris*. Mais à l'époque de la révolution quelques uns de ces élèves m'ayant donné des marques d'insubordination, je leur défendis l'entrée de mon école. Ils étaient stimulés et soutenus par Guiton et Fourcroy, membres du comité de salut public, qui leur firent conférer le titre d'agence des mines, et leur assignèrent pour demeure les hôtels de Talleyrand-Périgord et du maréchal de Mouchy, où ce triumvirat ne tarda pas à se former une bibliothèque et un cabinet d'effets précieux, aux dépens des dépouilles des victimes de la révolution.

On sait que dans le même temps on me précipita dans les cachots afin de me dépouiller de mes places, et de s'emparer de mon cabinet, qui était à-la-fois sollicité par le Jardin des Plantes, comme le constate le décret qu'obtint de l'assemblée constituante M. Lebrun, qui était alors président du comité des finances.

Deux années avant le décret arraché par Lebrun à l'assemblée constituante, Buffon m'avait envoyé faire la même proposition par Lacepède, qui n'était alors que garde du cabinet du Jardin des Plantes, lequel crut pouvoir me persuader en me disant qu'on doublerait mon traitement; je lui répondis que je connaissais son Buffon; je quittai Lacepède en lui disant : *Timeo Danaos et dona ferentes.* M. Lebrun en faisant adopter son décret me fit supprimer les deux mille francs de traitement de ma chaire de docimasie, qui étaient payés sur les Monnaies, ce qui me fait aujourd'hui un tort de plus de cinquante mille francs.

Comment se peut-il qu'il se trouve des hommes qui deviennent injustes pour plaire à des malfaiteurs?

En l'an 1810, M. de Laumont, qui fut alors nommé directeur des mines, au lieu de m'inscrire le premier dans l'organisation comme l'indiquait le rapport fait au conseil d'état, en fut détourné par un pieux personnage qu'on lui avait dit mériter toute sa confiance.

Les mauvais traitements que j'ai éprouvés pendant la révolution et après, de la part des personnages que les Gouvernements ont désignés comme directeurs des mines, ne m'ont pas empêché de continuer à être utile à cette partie, que j'ai l'honneur d'avoir naturalisée en France par soixante années de cours publics, et par des découvertes qui m'ont mis à portée de simplifier la docimasie, qui est la base de l'exploitation des mines.

On sait que la collection des minéraux que j'ai formée à mes frais est la première qui ait servi à l'instruction publique, et qu'elle est la plus intéressante qui existe, puisque j'ai conservé dans un cabinet l'analyse de tous les objets qu'elle renferme.

La gloire que j'attache au monument qui renferme ce cabinet, m'a fait consacrer tout ce qui me restait de fortune pour compléter ce que j'avais commencé à l'aide de la munificence de Louis XVI, mon bienfaiteur, dont le buste en marbre blanc, fait par le célèbre Houdon, offre un monument de la reconnaissance que je dois à ce prince.

Quoique j'aie réuni les découvertes que j'ai faites dans les mémoires de chimie que j'ai publiés, ainsi que dans l'analyse de chimie et concordance des trois règnes, et sur-tout dans les Institutions de physique et de minéralogie, imprimées chez Firmin Didot, et dans divers opuscules, j'ai cru devoir tracer sommairement dans cette notice des découvertes que je regarde comme les plus importantes.

---

## EXPOSÉ SOMMAIRE DES DÉCOUVERTES LES PLUS IMPORTANTES QUE J'AI FAITES PENDANT L'ESPACE DE SOIXANTE ANNÉES.

L'analyse des blés m'a fait connaître

que la partie glutineuse que contient le froment constitue le germe de cette semence céréale, qui est rendue insalubre et propre à produire la gangrène sèche lorsqu'elle s'est décomposée par la fermentation du grain dans les gerbes récoltées dans des temps humides.

J'ai démontré que l'acte vital était le produit d'un gaz électrifiable fourni par la pression de l'air dans le poumon, lequel se modifie en électricité lors de la circulation des fluides, électricité qui titille les fibres nerveuses, produit de la chaleur, et détermine la pulsation des artères.

La portion d'électricité surabondante à l'animalisation s'échappe des corps, et s'introduit dans la terre, qui lui sert de réservoir.

Il émane des corps organisés végétaux et animaux un gaz alkalin que j'ai rendu sensible en exposant à leurs surfaces une mèche de papier imbue d'acide marin.

Les hommes avaient ignoré qu'il

s'exhale des eaux de la mer un gaz alkalin oléaginé inodore caustique morbifère, des corps qui s'y détruisent et forment le gaz alkalin, qui se retrouve dans l'eau de mer distillée, et la rend impotable et insalubre.

L'homme doit admirer l'intelligence céleste qui s'empare sans cesse de ce gaz alkalin pour modifier et neutraliser l'acide ignifère aérien, qu'elle change en acide marin, lequel trouve sa base dans le gaz alkalin oléaginé neptunien, d'où résulte le sel de l'eau des mers; sel qui s'oppose à la putréfaction des corps organisés qui périssent et séjournent au fond des eaux des mers, sans s'élever à leur surface, comme les animaux qui périssent dans les eaux fluviatiles, où ils sont susceptibles de putréfaction et de se tuméfier par le gaz inflammable putride qui s'en dégage.

Il existe dans l'atmosphère des nuages entiers de gaz alkalin volatil huileux qui sont produits par l'émanation des corps dont il se dégage des odeurs agréables ou fétides. C'est ce gaz qui concourt à la formation des globes de feu météoriques qui laissent après leur combustion une traînée de fumée; ce sont de pareils bolides qui donnent naissance aux trombes.

On a reconnu qu'il sortait d'abord du cône où se forment ces trombes une fumée noire; que, lorsqu'elle s'était dégagée, elles aspiraient l'eau, qui se trouvait réduite quelquefois par le globe de feu en vapeur ventiforme, semblable à celle que fournit l'éolipyle; c'est cette trombe que j'ai nommée ventifère, qui est accompagnée de lames de feu électrique; elle exerce dans son trajet un effet si terrible, qu'elle renverse tout ce qui s'oppose à son passage, avec une célérité égale à celle d'un boulet de canon.

La trombe est ventifère lorsqu'elle n'a aspiré que peu d'eau; mais elle devient aquifère et presque diluvienne si elle a aspiré une quantité d'eau proportionnelle, laquelle s'est modifiée en nuée par son union avec le gaz électrifiable; mais dès que ce dernier a été saturé de phlogistique, il en résulte de l'électricité, et la nuée réduite en eau tombe par torrents.

Les trombes se terminent par une explosion enflammée et bruyante.

La pompe foulante ignifère, dont le corps est en cristal, m'a fourni à-la-fois le moyen de faire connaître d'une manière satisfaisante comment se forment l'aurore boréale, les nuées, et la foudre. Ici, par la seule pression, on décompose l'air. Le phlogistique, dégagé de l'azot, produit la lumière rouge, sans chaleur, qu'on voit sur le piston, laquelle est surmontée d'un nuage blanc formé par l'eau du gaz déphlogistiqué, dont l'acide s'est modifié en gaz électrifiable, tandis que l'acide ignifère, essence de l'azot, devenu libre, embrase les corps combustibles.

La décomposition de l'air en grand a perpétuellement lieu par la pression giratoire du globe terrestre; la lumière boréale qui en résulte se porte aux extrémités de l'axe de la terre, où elle éclaire les pôles.

Ici les nuées blanches se forment comme dans l'expérience de la pompe précitée. Elles sont mille fois plus légères que l'eau, qui reprend son premier état lorsque le gaz électrifiable est devenu électricité en se saturant de phlogistique.

L'excès de l'acide ignifère accumulé dans les temps d'orage constitue la foudre, qui s'éteint dans l'eau et porte le feu avec la plus grande célérité, si elle se trouve déférée sur des bois secs.

L'expérience de Lesly, la formation de la glace par le vide, en mettant de l'eau sous le récipient de la machine pneumatique, sous lequel on a aussi déposé une capsule, dans laquelle on a mis de l'acide vitriolique concentré, prouve que lorsque le calorique aqueux a été enlevé, l'eau reste, sous forme de glace, qui est un sel cristallisable formé de frigorique, combiné avec l'élément aqueux, glace qui devient fluide lorsqu'elle a repris du calorique.

L'eau est donc composée de l'élément aqueux de frigorique et de la chaleur. Un fait bien remarquable, c'est que j'ai obtenu la congellation de l'eau lorsque le thermomètre marquait dix-huit degrés dans l'atmosphère.

On a donc avancé un paradoxe insoutenable, en disant que l'eau est composée de cinq parties de gaz déphlogistiqué, et d'une d'air inflammable, puisque le mélange de ces deux gaz constitue essentiellement le feu.

Il existe en tout temps plus ou moins d'eau, sous forme de gaz, dans l'atmosphère; elle est connue sous le nom d'humidité. On nomme hygromètres les matières qui la font connaître. Les anciens ont employé des cordes faites avec des boyaux. Saussure n'y a employé que le cheveu dépouillé de graisse, à l'aide d'une lessive alcaline. Ces hygromètres s'allongent par l'humidité, se raccourcissent par la sécheresse.

J'ai fait connaître que l'acide vitriolique concentré offrait un moyen hygrométrique pondérable, et que l'eau, sous forme de vapeur, existait en plus grande quantité dans le printemps que dans l'hiver, en temps de pluie.

Il résulte des observations que j'ai faites sur les poisons, que le venin des insectes, tel que celui de la guêpe, de même que celui de l'araignée, est de nature acide, puisque l'alcali volatil en fait disparaître les effets ; c'est aussi un remède assuré contre la morsure des vipères, des serpents, et des piqûres de la vive. Le virus hydrophobique paraît aussi être de nature acide, puisque l'alcali volatil fluor fait disparaître ses effets.

J'ai fait connaître dans mon Traité des poisons (1) que les acides végétaux étaient

(1) J'ai fait distribuer gratis cet ouvrage à tous les préfets.

les seuls moyens de remédier à l'effet caustique et délétère des titimales et du rus verni, de l'opium, et du safran.

Ces mêmes acides végétaux sont l'antidote de l'arsenic, de l'antimoine, et du cuivre.

J'ai indiqué sous le nom de *Marmorillo* la régénération de la chaux vive en pierre calcaire, susceptible du poli; mais on ne parvient à l'obtenir qu'en faisant usage de la chaux nouvellement éteinte par immersion, à la manière de Vitruve.

Deux mesures de cette chaux éteinte, mêlée à trois de craie, réduite en pâte avec de l'eau, forment un stuc inaltérable par l'eau lorsqu'il est sec.

Ce mélange de chaux et de craie délayé dans l'eau et apposé sur la pierre, remplit ses pores, et constitue le meilleur des badigeons.

On considère avec raison le phlogistique comme l'essence de la lumière; il est impondérable, inodore, s'élève au-dessus de l'atmosphère terrestre, et constitue la partie éthérée qui enveloppe les corps célestes; le mouvement giratoire continu et accéléré qui leur est imprimé, modifie ce gaz éthéré en électricité sidérale, dont la lumière, semblable à celle que répand la lune, ne produit pas de chaleur.

Cette électricité sidérale laisse en se décomposant un gaz magnétique, cause de l'attraction des planètes.

L'électricité atmosphérienne est ignifère, et le dernier terme de sa décomposition est de produire le gaz attractif polaire, qui existe dans notre atmosphère, dont la propriété magnétique se dirige constamment du nord au sud.

L'erreur des grands hommes tient long-temps lieu de vérité; aussi a-t-on cru avec Newton, depuis plus de cent ans, que le soleil était une masse de feu dont l'intensité était inexprimable; aussi lorsque j'ai avancé que la lumière du soleil était sans chaleur, et que celle qu'il nous offrait n'était que le résultat de la décomposition de sa lumière, laquelle n'avait lieu que dans la moyenne région de notre atmosphère, lorsque l'acide ignifère, principe des gaz qui constituent l'air, venait à se combiner avec le phlogistique qui constitue la lumière du soleil, on ne se rendit qu'avec peine à cette vérité.

L'intelligence céleste a arrêté que cette chaleur ne passerait pas le trente-troisième degré du thermomètre, terme qui équivaut à celle du corps humain.

On reconnaît que plus on s'élève dans l'atmosphère, moins la lumière du soleil imprime de chaleur, puisqu'à deux mille toises au-dessus de la terre il s'y trouve des neiges éternelles.

Une des découvertes que j'ai eu le bonheur de faire répand un nouveau jour dans la physique, puisqu'elle fait connaître qu'il n'y a que les mixtes qui recélent l'acide ignifère qui soit susceptible de fournir, à l'aide du feu, par la distillation du gaz déphlogistiqué, la manganèse.

La chaux rouge de mercure et le minium en offrent des exemples.

L'acide ignifère surchargé de phlogistique fourni par quatre parties d'acide marin, produit à froid un gaz vireux verdâtre, qui embrase l'antimoine, enflamme le phosphore, et dissout l'or en feuille, qui brûle et s'exhale dans son atmosphère.

Ce même gaz acide ignifère, combiné avec partie égale de sel nitreux ou marin, à base d'alcali fixe, leur donne la propriété de fuser.

Ce même gaz acide est aussi la cause de la fulmination.

Saturé de phlogistique, l'acide ignifère constitue le pyrophore, dont la couleur est d'un gris métallique semblable à l'yode sublimé, qui n'est lui-même qu'une combinaison particulière de l'acide ignifère et d'un principe animal, qui se trouve dans le polypier flexible nommé varec.

On ignorait que le sang, ainsi que le cuir des animaux recélaient un acide qui colorait en bleu le fer dégagé de ses dissolutions, lorsque j'ai indiqué le moyen de l'extraire, comme on peut le voir dans mes mémoires de chimie.

J'ai eu encore l'avantage de prouver à l'Académie, dans une séance où se trouvait S. M. d'Allemagne, Joseph II, que ce que Halse, Blaque, Priestley, Lavoisier, etc., nommaient air fixe, n'était qu'un acide *sui generis* auquel j'ai donné l'épithète de méphitique, qui est la principale cause de l'asphixie.

---

## ANECDOTES.

Lorsque j'étudiais la botanique, j'allais souvent à Trianon, où Louis XV avait une des plus belles collections de plantes, rangées d'après le système de Bernard de Jussieu. Un jour que je butinais quelques fleurs, et que je les étendais entre deux papiers pour les dessécher, le roi vint derrière moi, et me dit que je faisais tort aux abeilles ; lui ayant montré quelques unes de ces fleurs desséchées, je lui dis que j'en conservais depuis quatre années, qui ne s'étaient nullement altérées, que je le priais de me permettre de lui en faire hommage. Je lui portai quelques jours après deux de mes tableaux, qu'il fit mettre dans son cabinet particulier. Il chargea en même temps M. le comte de Saint-Florentin de m'envoyer un brevet de douze cents livres de pension.

Marie-Antoinette m'ayant fait restituer quatre mille livres de pension dont on m'avait privé, j'eus le bonheur de reconnaître ce bienfait par les soins que je donnai aux deux dauphins, ce qui détermina cette princesse à venir me voir dans ma campagne de Montalais, près Saint-Cloud. La commune de Paris l'ayant su, envoya quatre cents hommes de sa soldatesque, pour faire le sac de ma maison, et s'emparer de *mes canons*, qui ne consistaient qu'en un télescope de trois pieds.

Lorsque j'eus obtenu la liberté et la vie moyennant mille louis, j'appris de M. Bertholet, secrétaire du comité de salut public, qu'on devait m'expédier un second mandat d'arrêt; c'est pour en éviter l'exécution que je quittai Paris pour me rendre à quatre lieues de Blois, dans un hameau qui n'avait que quatre feux, et dépendait du canton d'Ouques. On levait alors une contribution forcée. Les habitants de ce canton savaient que je venais d'être dépouillé de ma fortune, et mirent après mon nom, sur le procès-verbal, que celui auquel il ne restait que sa célébrité ne pouvait être imposé.

Ayant épuisé dans mon exil volontaire mes moyens d'existence, je fis part au directoire de ma pénible position par la spoliation de ma fortune. François de Neufchâteau, Treilhard, et Laréveillère-Lépaux, attribuèrent six mille livres de traitement à ma place de professeur de l'école des ponts et chaussées, traitement que le ministre Chaptal a supprimé par économie; lui ayant été faire réclamation, il me répondit qu'il me conseillait de faire le mort.

Lorsqu'on vint m'enlever à ma campagne pour me précipiter dans les cachots où j'ai commencé à perdre la vue, on s'empara d'un manuscrit qui offrait des détails de ma vie, qui avait été rédigé par madame Randel, qui est la seule personne qui se soit intéressée à moi pendant les persécutions que j'ai éprouvées durant la révolution. Ce manuscrit, qui avait été déposé au comité de sûreté générale, fut renvoyé dans les bureaux de la police; on me le fit remettre au bout de deux ans, avec une lettre dans laquelle il était dit que les anecdotes qui concernent un homme utile devaient être conservées.

Dans le séjour que le Pape a fait à Paris, S. S. vint visiter mon établissement, qu'elle admira; elle m'invita à venir la voir aux Tuileries. Dans une des conversations que j'y eus avec le Pape, il me dit qu'il était étonné que je ne fusse pas décoré, d'après tout ce que j'avais fait pour la chose publique; je lui répondis que le monument qu'il avait admiré, et que j'avais élevé à l'aide de la munificence de Louis XVI, ainsi que mon attachement à sa dynastie en étaient la cause; mais que S. S. serait bien plus étonnée quand elle saurait que j'ai été dépouillé de ma fortune, que je tenais de la bienfaisance des Bourbons; le Pape me dit alors: Je serai heureux si je peux concourir à vous faire restituer une partie de votre fortune, apportez-moi demain une pétition que je remettrai à Bonaparte en allant à Saint-Cloud, pour le baptême d'un des enfants de la reine de Hollande. S. S. remit la pétition, que Bonaparte parut accueillir, mit dans sa poche, et il n'en résulta rien.

Les pétitions que j'ai envoyées à nos gouvernants en 1817 et 1818 ont eu le même sort, quoique mes demandes fussent de toute équité, aussi ai-je publié par l'impression mes réclamations.

---

## MOYEN EMPLOYÉ PAR MES DÉTRACTEURS POUR M'ABSORBER.

Lors du travestissement de l'Académie des sciences en Institut, je n'y fus pas incorporé, parcequ'on avança que j'étais aristocrate avant la lettre. La malveillance y répandit, à l'époque de la machine infernale, que je venais d'être incarcéré, parceque j'étais un des complices; ce qui m'ayant été rapporté le même soir, je me transportai aussitôt chez M. de Proni, de qui on tenait cette nouvelle. Dès qu'il m'aperçut, il s'écria : Je suis aise de vous voir, car je vous croyais en prison comme complice de la machine infernale.

Dès que M. de Proni m'eut dit le nom de celui qui avait répandu cette atroce calomnie dans l'Institut, j'allai trouver cet homme, qui me dit tenir cette nouvelle du conseil des mines, et que s'il avait fait part de ce qu'il avait entendu à Lacepède et à d'autres, c'était afin qu'ils en parlassent à Bonaparte pour obtenir mon élargissement. Je lui répondis : Une dénonciation dans un cas semblable est crue sans examen.

On sait que dans ce même temps cent trente dénoncés furent déportés aux îles Séchelles, et qu'il n'est revenu à Paris qu'un seul homme.

---

## EMPLOI DE MA BIBLIOTHÈQUE.

Il n'y a personne à qui les livres aient été plus utiles qu'à moi ; j'y ai puisé de l'instruction, et j'y ai trouvé une ressource pécuniaire, puisque la vente d'une partie de ma bibliothèque m'a produit soixante mille francs. On sera étonné que, né sans fortune, je sois parvenu à former une aussi belle collection, dont voici l'origine. M. de Boulduc me légua sa bibliothèque. M. le comte d'Angivilliers me fit don entre autres des Mémoires de l'Académie des sciences. Sa Majesté Louis XV autorisa l'imprimerie royale à me donner un exemplaire de tous les ouvrages de botanique qu'elle avait imprimés. M. de Miromenil, garde-des-sceaux, me nomma censeur, et m'adressa tous les ouvrages qui avaient rapport aux arts, tels que les Voyages pittoresques de Suisse, d'Italie, de Grèce, etc.

Ayant commencé à mes frais le Musée des mines, qui est la première collection qui a servi à l'instruction publique, et ayant à cœur de terminer le monument qui la renferme, quoique je sois privé de tout secours depuis le meurtre de Louis XVI, j'ai attaché de l'honneur et de la gloire à rendre cet établissement le plus magnifique de l'Europe. On sait qu'il a été un des plus utiles, puisque j'y enseigne depuis soixante années.

C'est afin de faire les fonds nécessaires pour parvenir à terminer ce monument que j'ai vendu ma bibliothèque et ma terre de Vilberfol, aussi suis-je dans la noble conviction qu'il y a peu d'exemples d'homme qui se soit ainsi dévoué pour son pays.

Je suis parvenu à l'âge de quatre-vingts ans, dont trente se sont écoulés dans la prospérité, mais dès 1790 l'envie, l'ingratitude, l'injustice, la malveillance ont exercé sur moi leur atroce puissance.

M. de Vaublanc étant ministre de l'intérieur, m'a mandé par écrit que je ne jouirais pas des mille écus qui avaient été reportés sur mon traitement, afin de m'aider à remplir mes engagements. Vers le même temps Sa Majesté Louis XVIII m'a donné une preuve d'une bienveillance spéciale en me décorant spontanément d'un de ses ordres.

Si la gloire d'avoir fait le bien pendant soixante années, d'avoir fondé un établissement utile qui manquait à la France me tenait lieu de fortune, je n'aurais rien à desirer, tandis que j'ai été obligé de faire des réclamations qui ont été sans succès; cependant on ne doit pas soupçonner de cupidité celui qui a refusé le traitement consacré à la place d'administrateur, parce qu'il était riche alors.



FIN.

www.ingramcontent.com/pod-product-compliance
Ingram Content Group UK Ltd.
Pitfield, Milton Keynes, MK11 3LW, UK
UKHW032018260826
14628UKWH00006B/2570

9 782019 627133